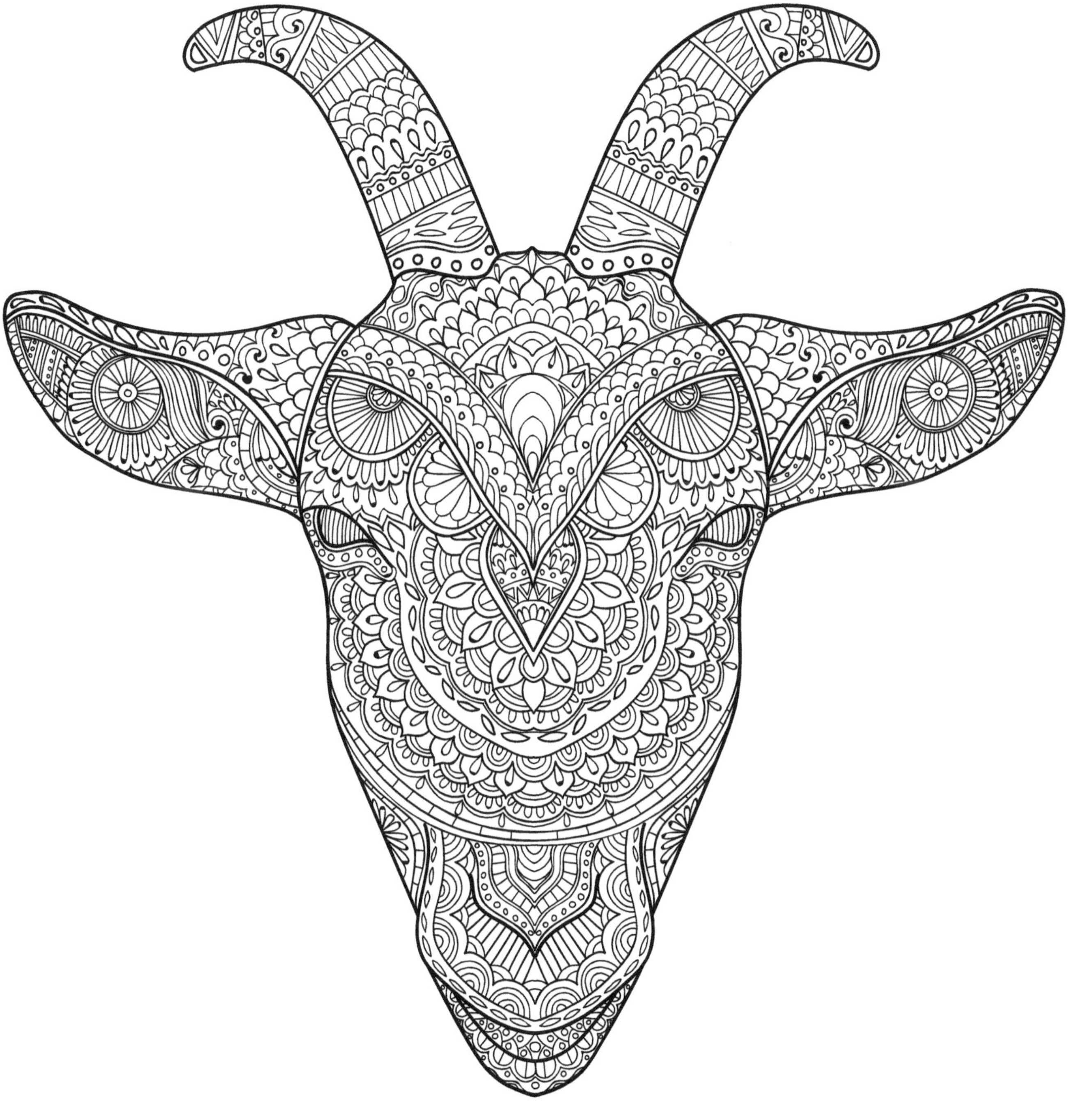

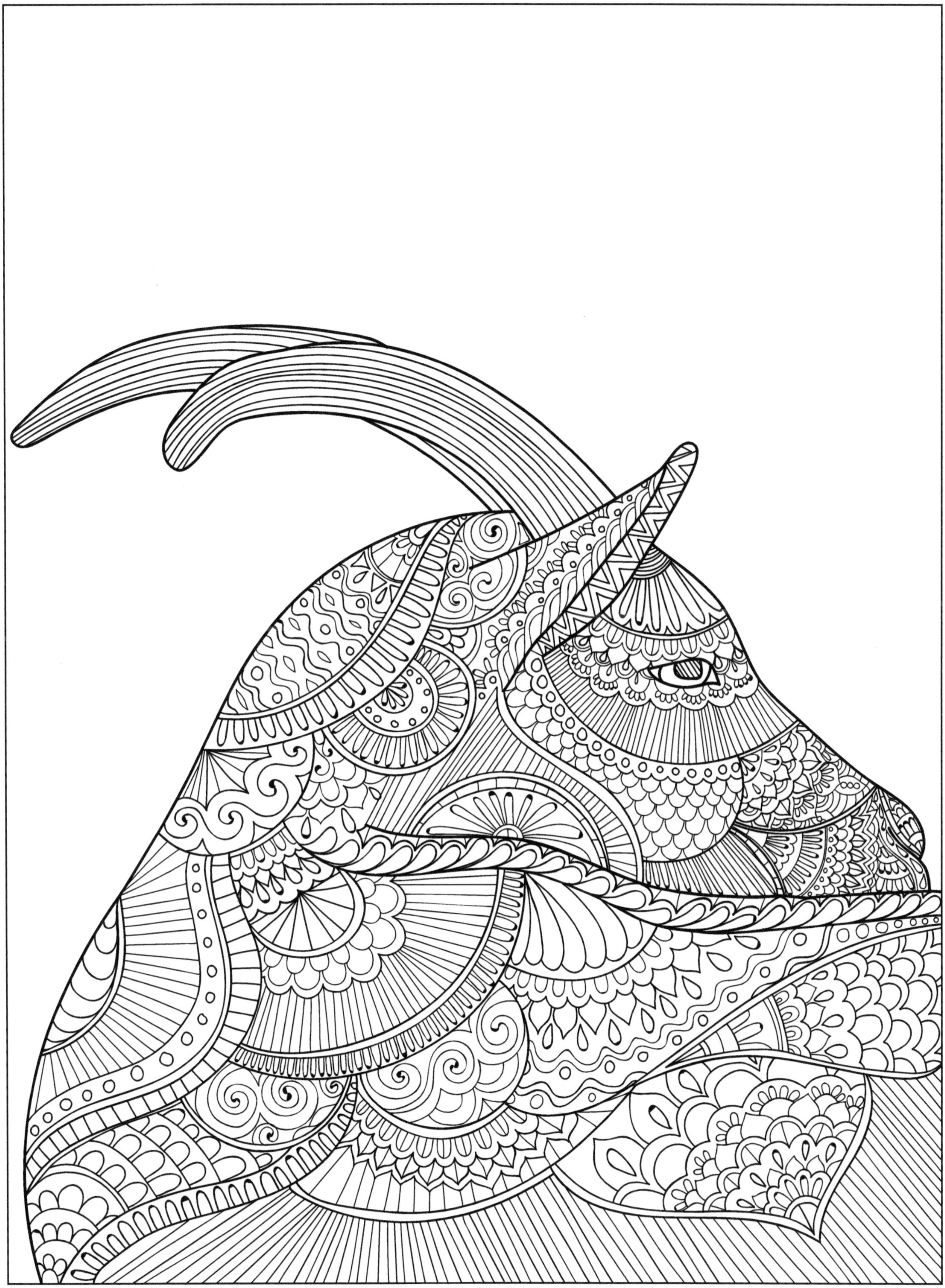

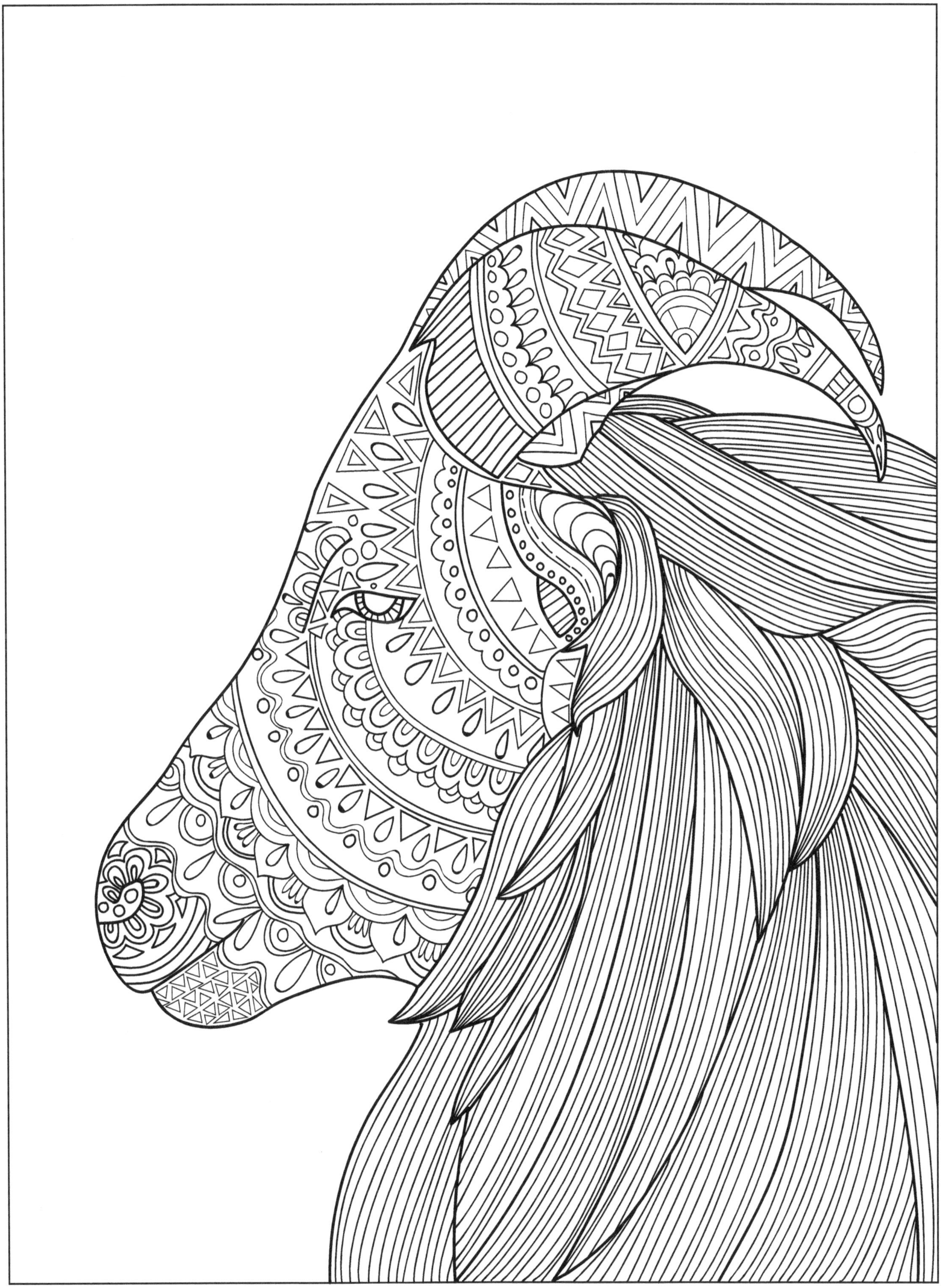

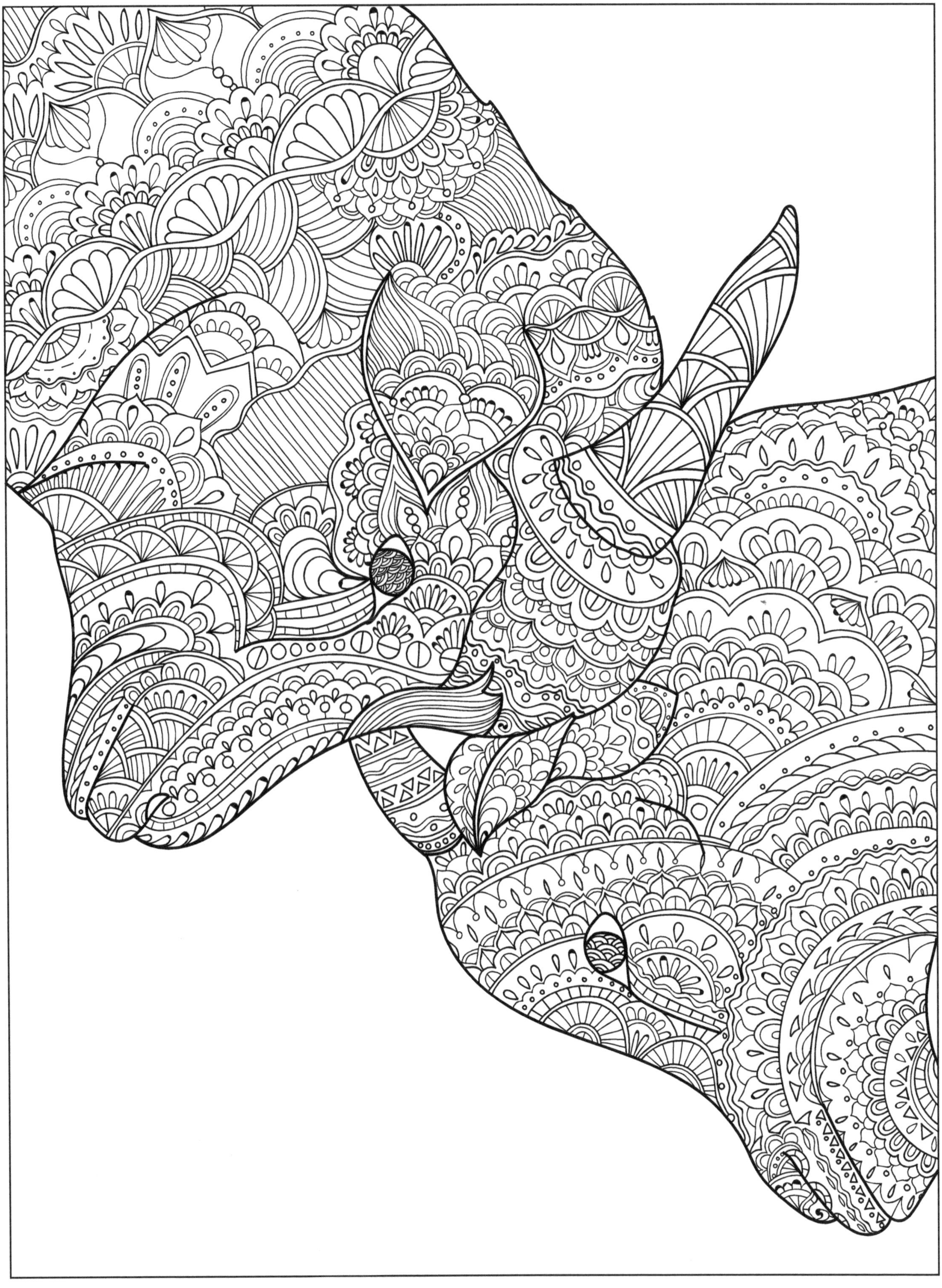

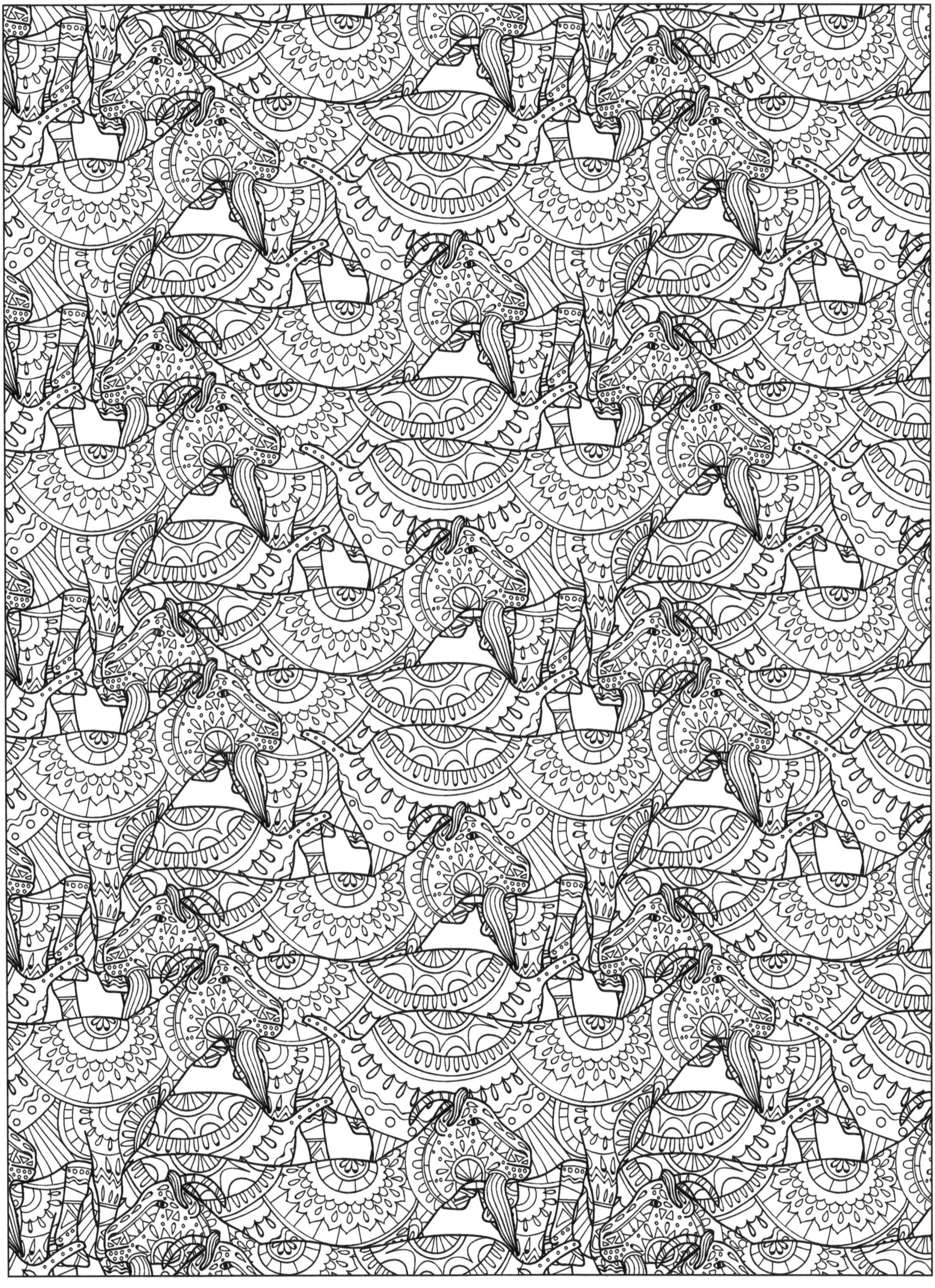

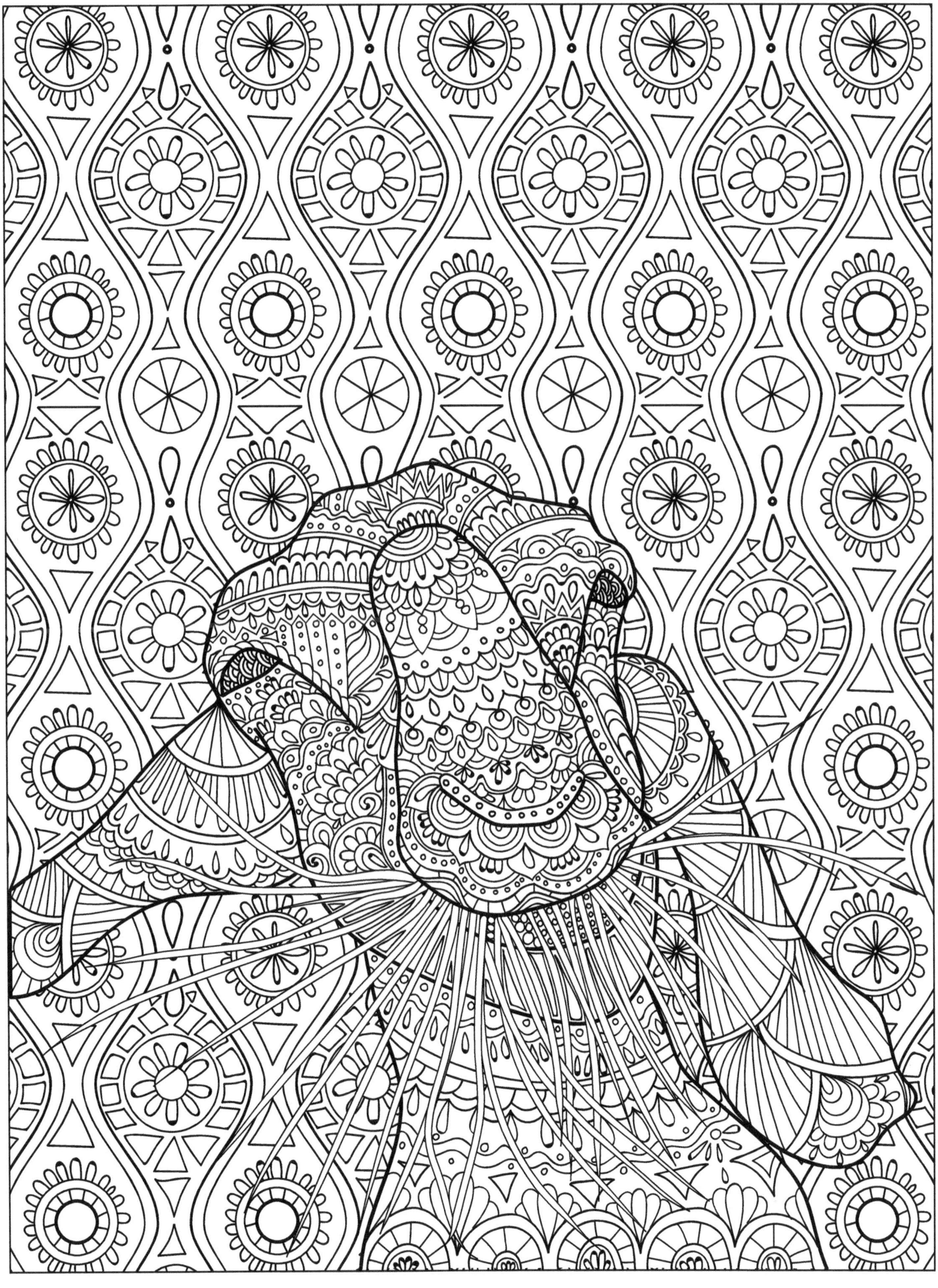

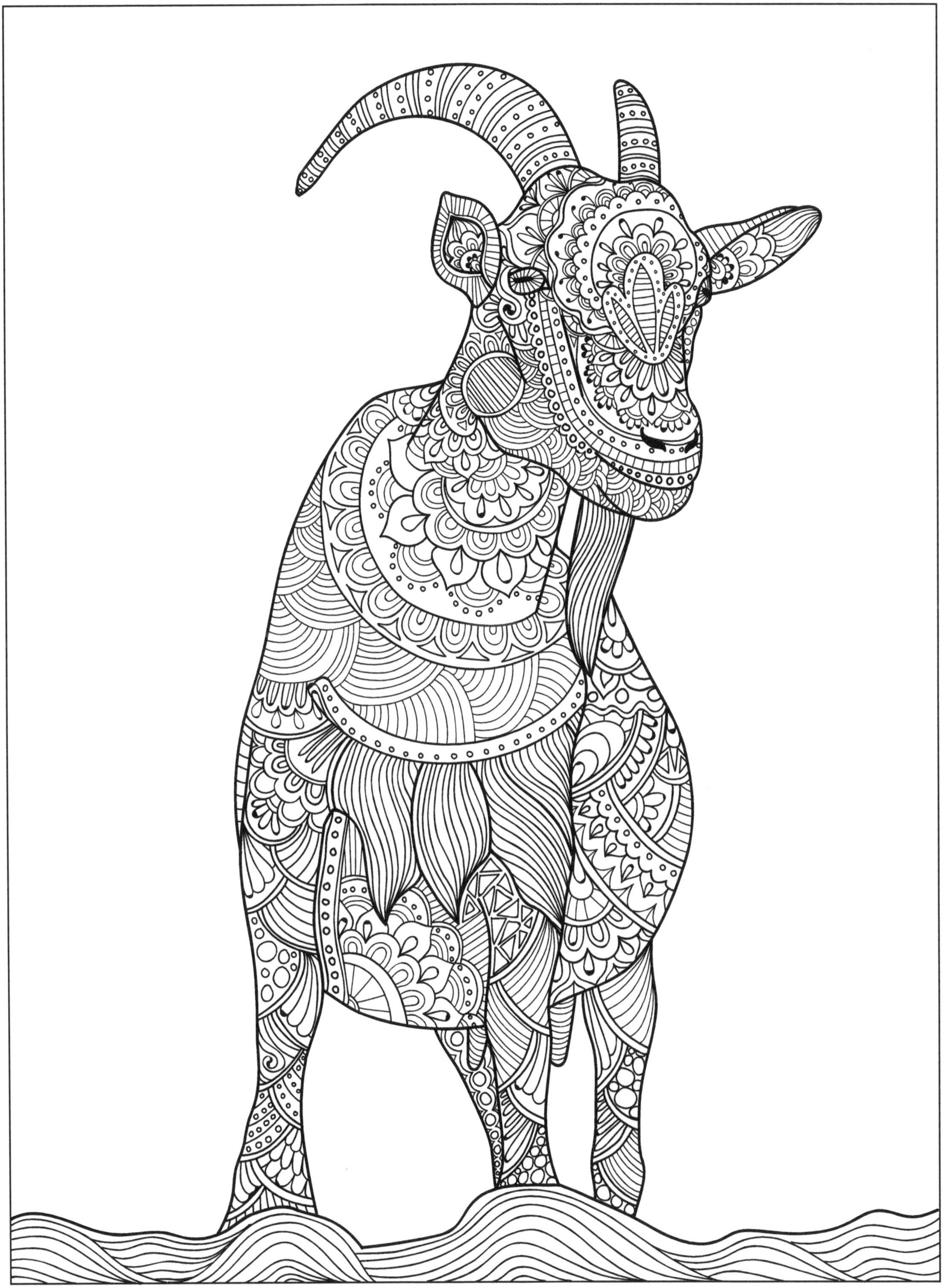

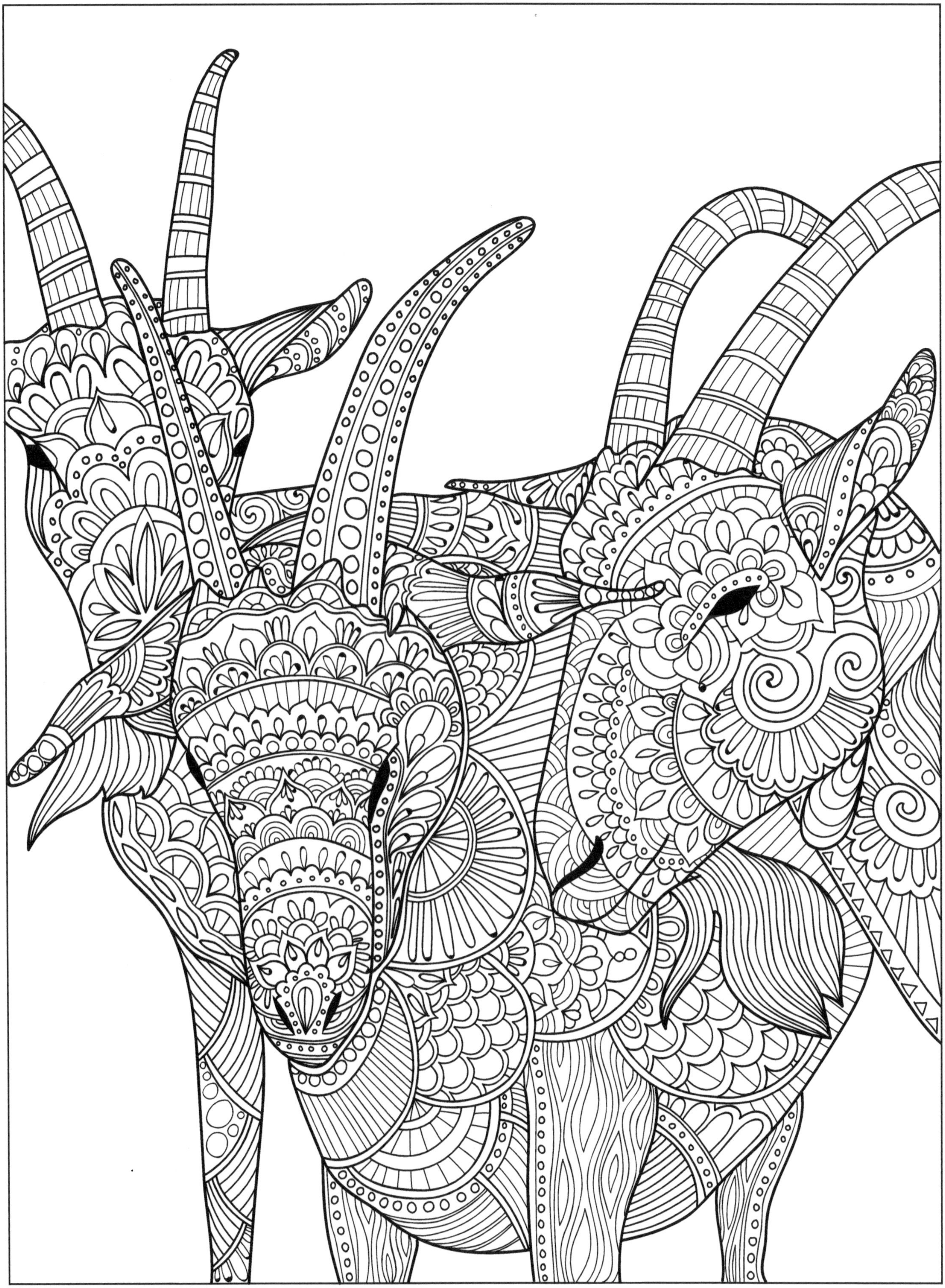

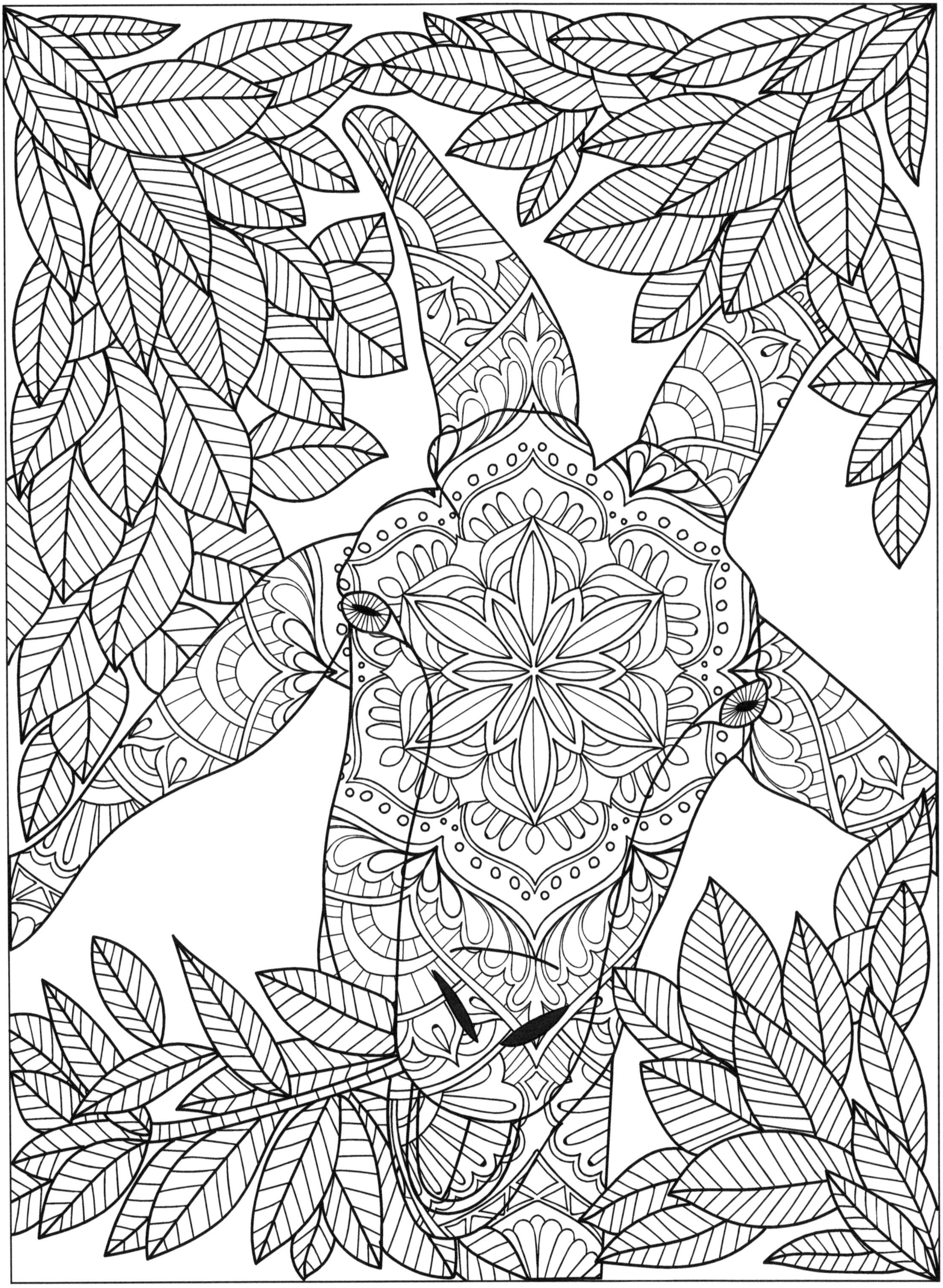

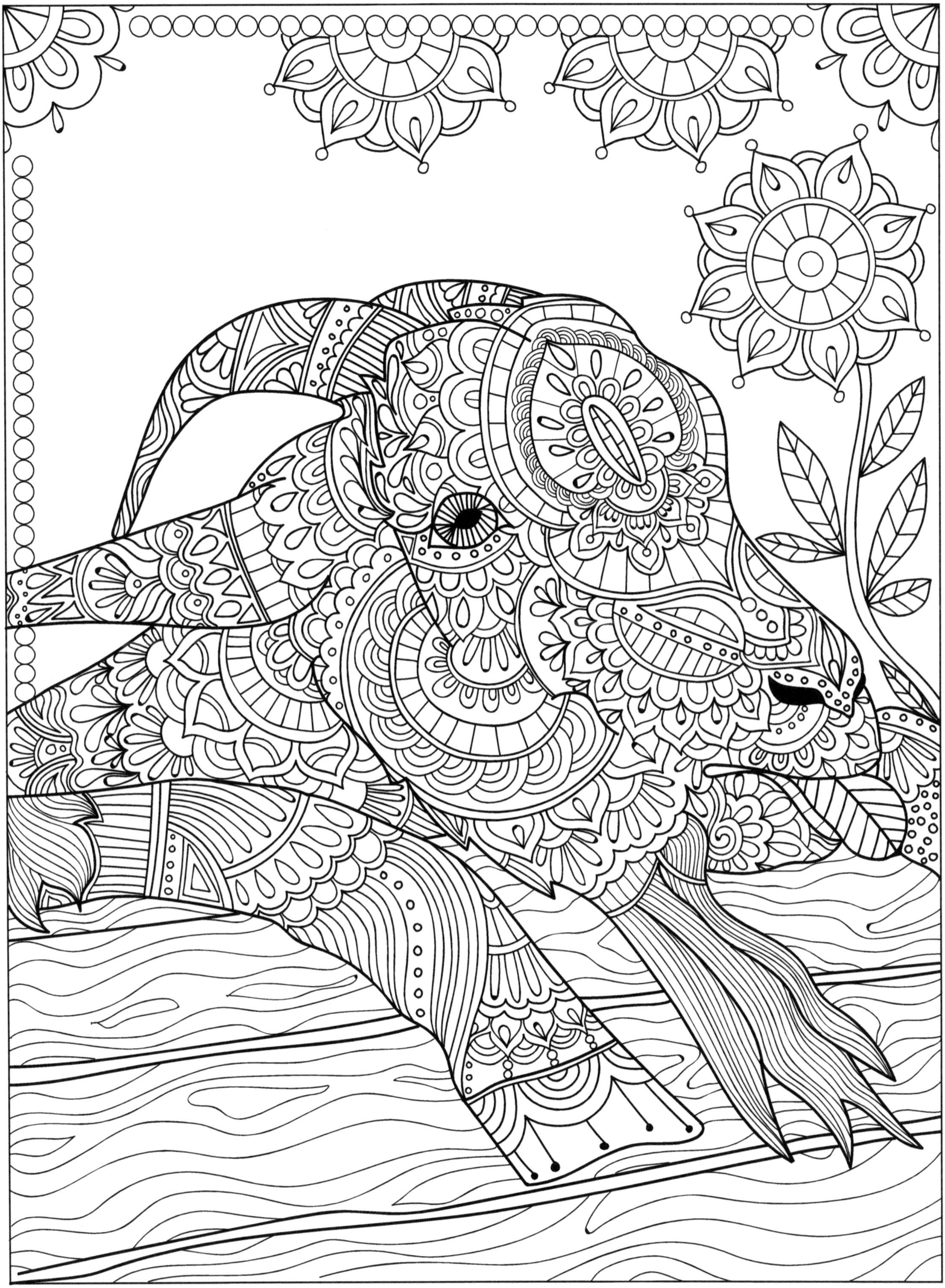

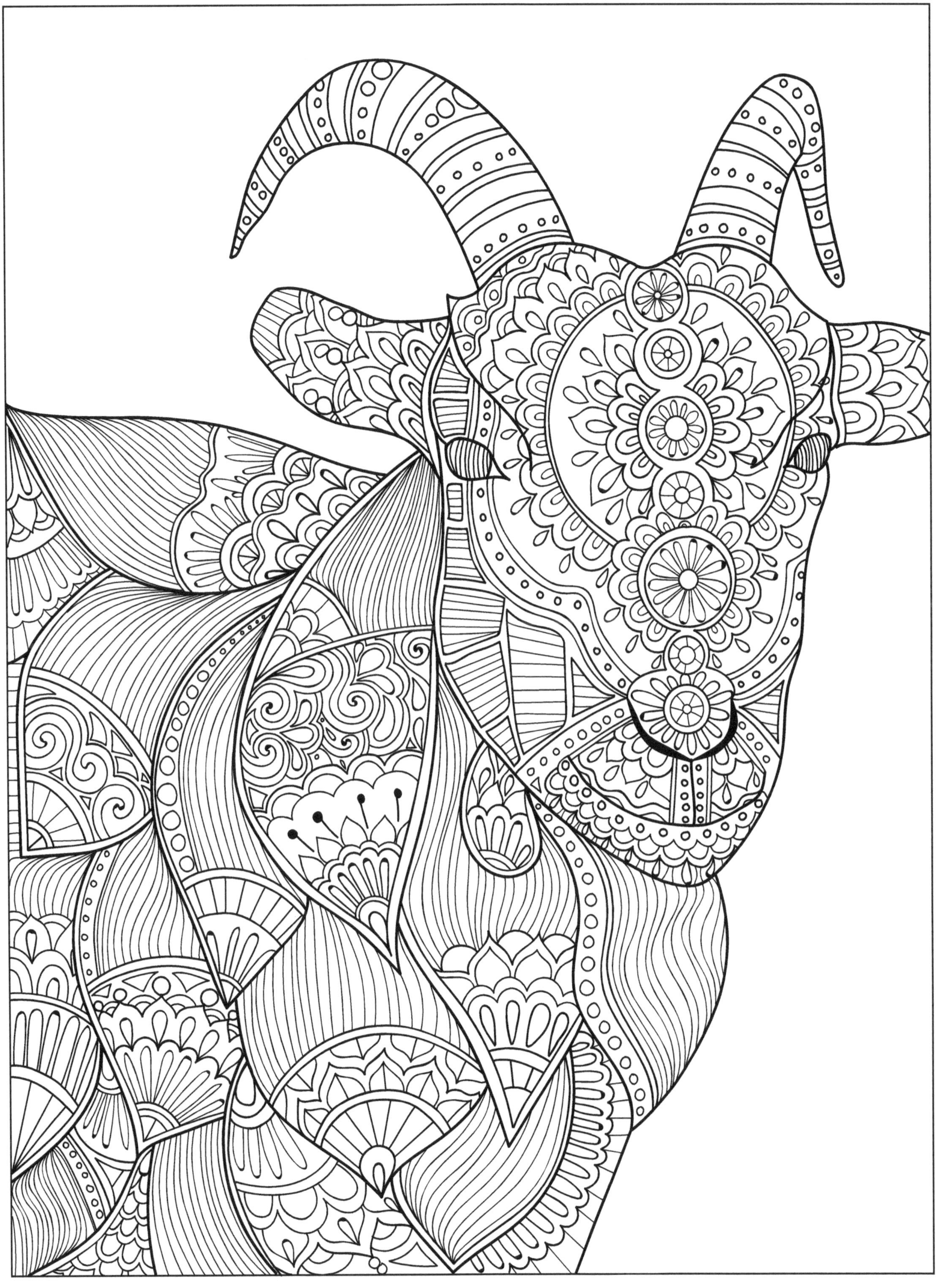

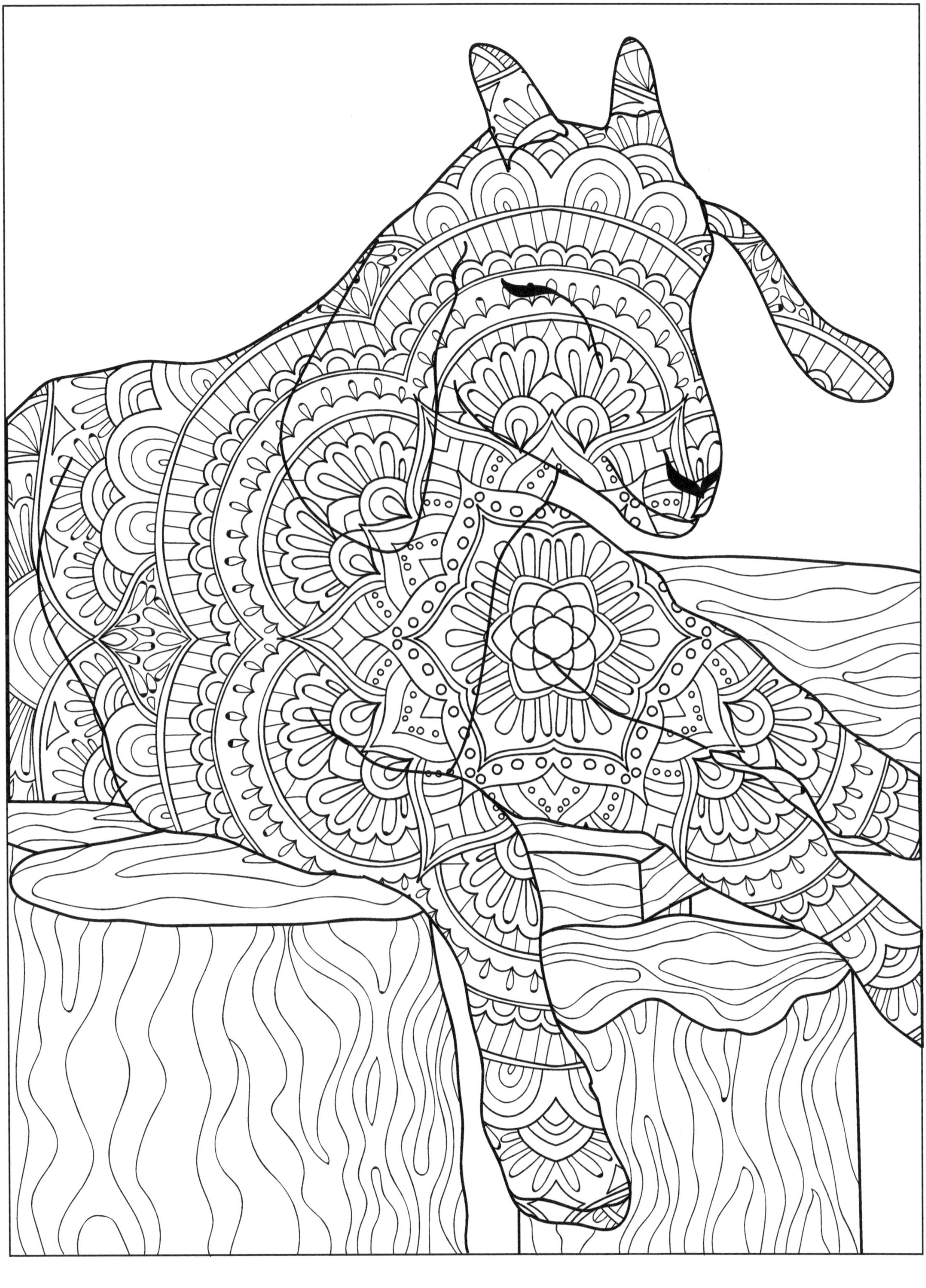

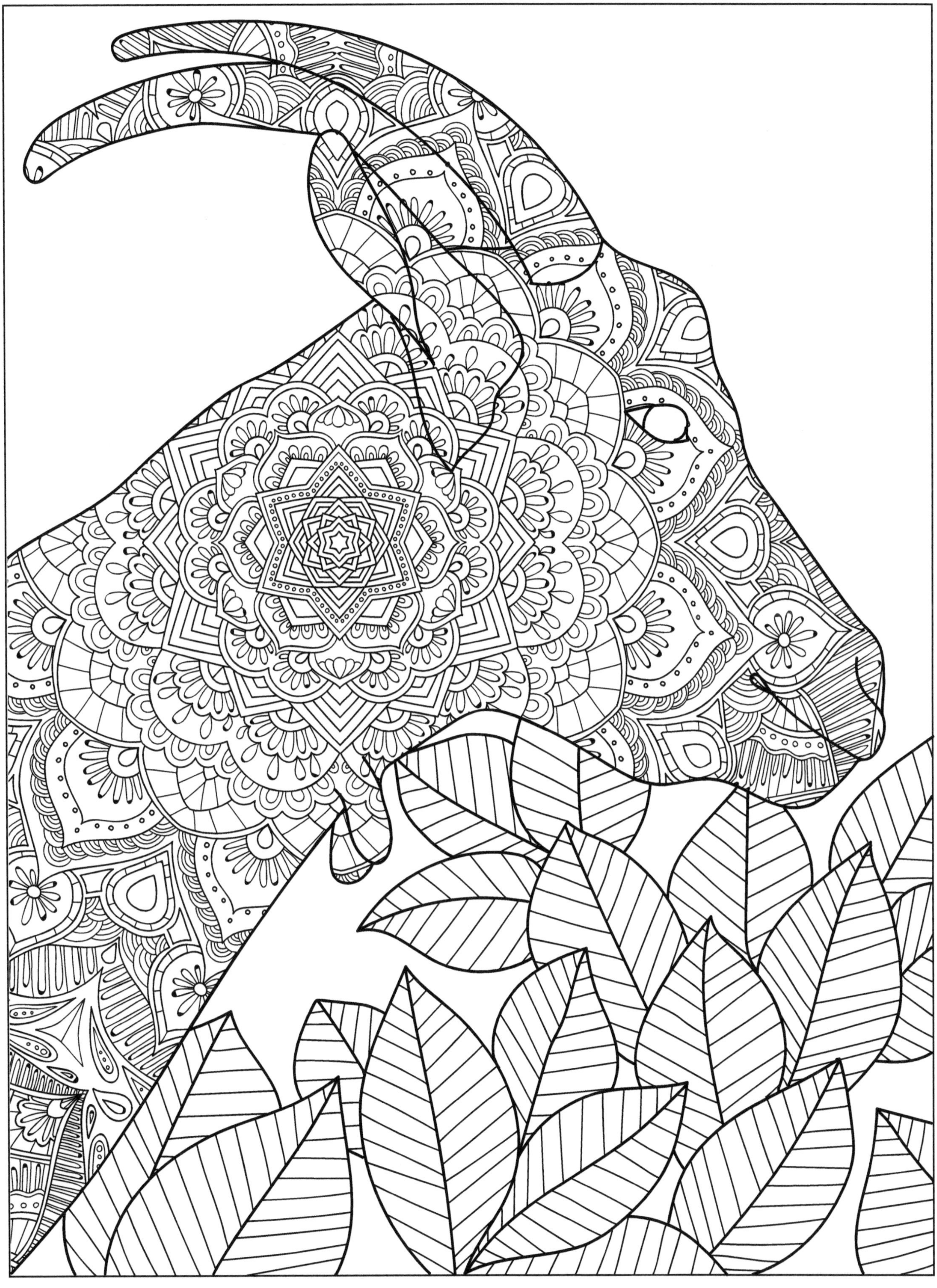

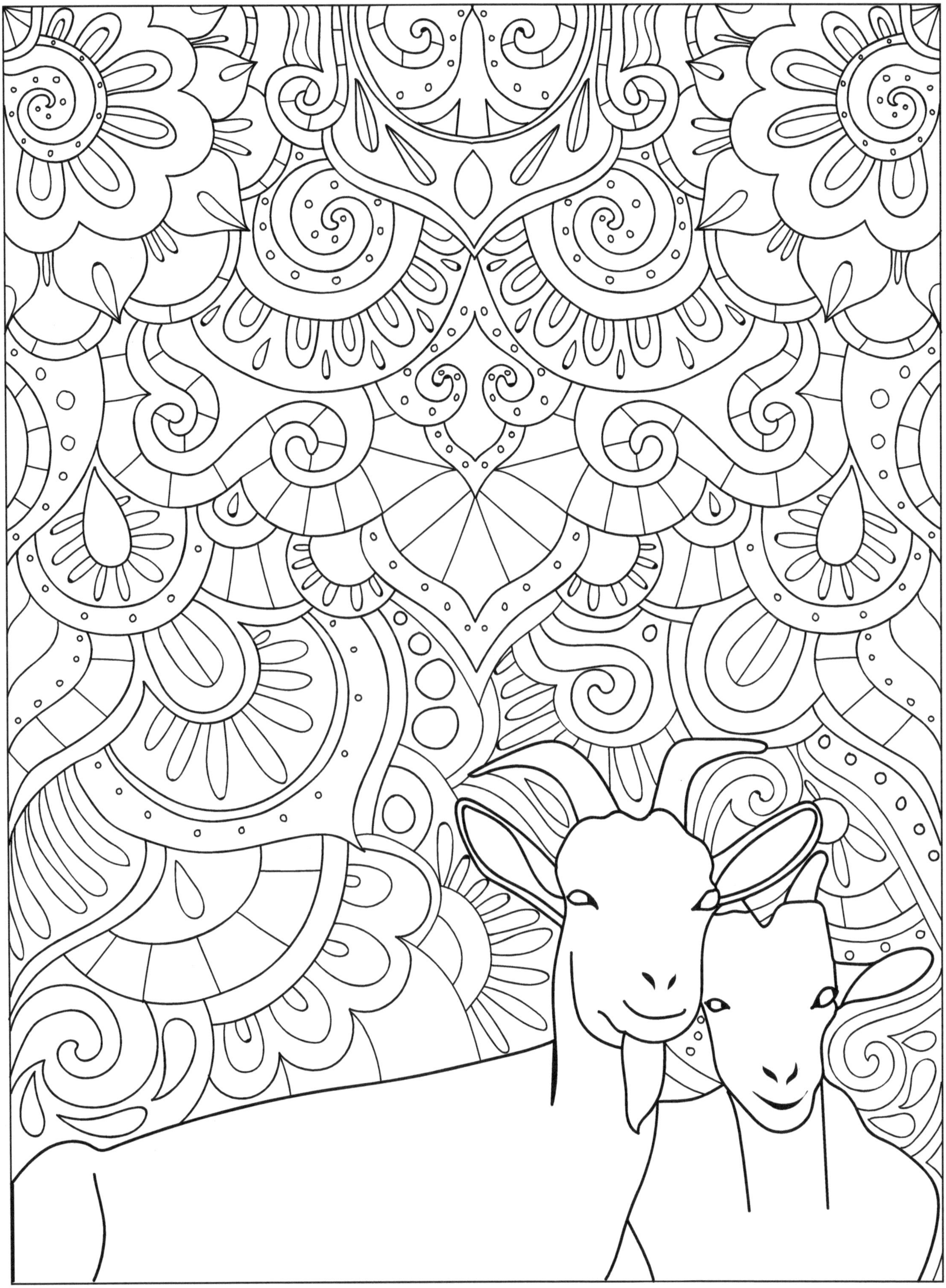

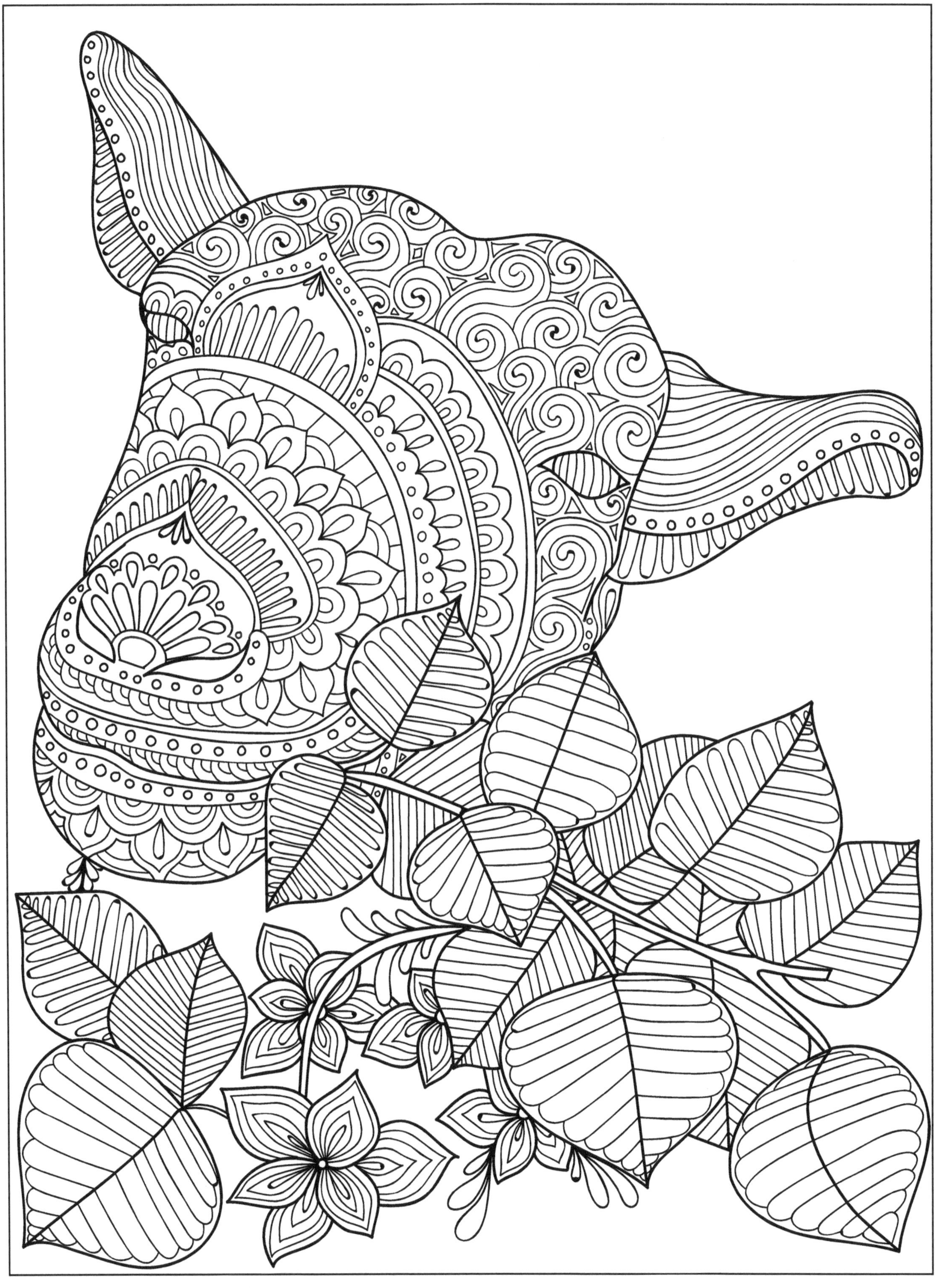

www.ingramcontent.com/pod-product-compliance
Lightning Source LLC
Chambersburg PA
CBHW041305180526
45172CB00003B/976

* 9 7 8 1 5 4 4 9 0 5 2 7 3 *